JN438399

고도孤島

고도 孤島

지봉성 시집

오늘의문학사

序詩

새벽에 일어나는
싱그런 향기

밤하늘에 영롱한
안개꽃 핀다

지평선에 떠 있는
등불의 고도

등대는 길 위에서
어둠을 쓴다

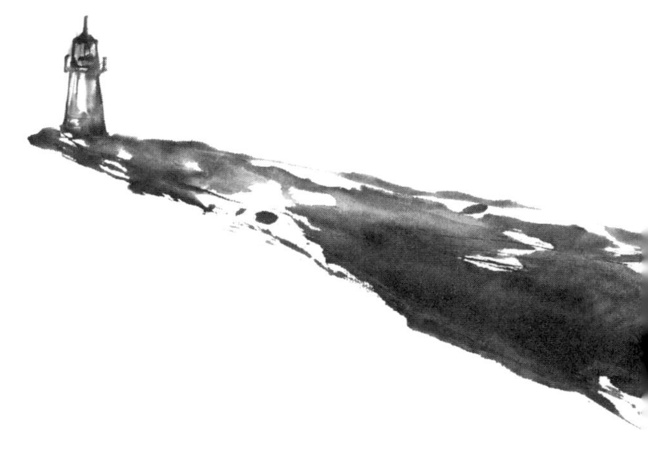

차례

1부 소녀의 눈망울

2부 고향은 늘 그립다

차
례

3부 어머님을 그리며

차례

4부 추사고택에서

1부

소녀의 눈망울

화분

누가 내다버렸을까
이 여리디여린 생명

가녀린 팔다리
핏기 사라진 얼굴

찬바람은 오열하며
옷자락을 여미는데

두리번 두리번
울고 있는 아이야

능소화凌霄花

숨가쁘게 오르는
아찔한 절벽

폭죽처럼 터지는
찬란한 환희

느티나무

해 저무는 언덕에
외로이 서서

상념에 잠겨 있는
늙은 나무야,

바람이 지나가는
가지 끝에서

비원이 노을처럼
타고 있구나

플라타너스

아이들이 돌아간
외진 꽃밭에

이제 갓 뿌리 내린
순결이 있다

어둠은 소리 없이
다가오는데

바람이 어린 손을
보듬고 있다

소나무

사람은 아픔을
조금씩 버리지만

나무는 해마다
나이테로 남긴다

사람은 슬픔을
조금씩 삭히지만

나무는 날마다
솔방울로 엉긴다

나목

정숙한 여인의
가르마 같이

곧은 가지에
서리가 엉겼다

보석처럼 눈 시린
순백의 이념

새 두어 마리
어둠을 털고 있다

새벽

가만히 흔드시는
다스한 손길

이제는 늦는다고
토닥이신다

영롱하게 빛나는
샛별을 보며

마지막 그 날까지
가라 하신다

임도林道

야생화 지천으로
흐드러지고

나뭇잎 환장하게
타고 있는데,

옛날이 그리워서
휘파람 불면

흰구름만 두둥실
흘러서 간다

가을 서정

미치게 익어가는
들판에 서서

흰머리 쓸고 있는
갈대를 본다

날이 저물어
아낙은 서두르고

먼 하늘가엔
싸리꽃이 피고 있다

늦가을

가랑비가 내리는
안개 낀 계곡

활엽수 단풍 위로
침엽수 핀다

나무도 한 장 한 장
버리는 세월

부부도 한 해 한 해
지우며 간다

싸라기

초겨울 이른 아침
연분홍 하늘

소녀처럼 순결한
안개꽃 핀다

어깨를 톡 톡 치는
비의의 눈짓

서리가 풀잎에서
반짝거린다

개미

저녁 노을이 스러지듯
한 생명이 꺼져 가는데

구름은 무심히 흘러가고
별은 다시 빛나리니

모두가 꿈처럼 태어나서
모두가 덧없이 떠나가는

이 세상

너에게도 신이 있느냐
돌아가고 싶은 하늘이 있느냐

소녀

덜 여문 열매처럼
풋풋한 얼굴

은행나무 아래서
책장을 연다

하늬바람이
머릿결을 넘기고

뭉게구름은
산마루에 오른다

눈망울

가난한 아프리카
먼 시골 마을

메마른 가지처럼
표정이 없다

생명이 꺼져가는
굶주린 아이

음식을 버리면서
목이 메인다

2부

고향은 늘 그립다

고향 · 11

약속이나 한 듯
개울로 몰려들어

두꺼운 겨울을
괭이로 깨어낸다

아랫목에 모여
꼼지락 꼼지락

살 비비고 있는
어린 물고기들

고향 · 12

산길 따라
집에 갈 때면

기다린 듯
쫓아오는 벌

악동들
벌집을 건드리는데

그 길로
퇴근하시는 선생님

고향 · 13

학고 실습지에서
땅콩밭을 맨다

톡 튀어나오는
그 여자아이처럼

예쁘고 뽀얀 얼굴

입에 넣는 순간
선생님과 마주친 눈

고향 · 14

시냇가
뽕나무와 보리밭

하나 둘
시골 장터가 선다

싱그러운
풋보리와 오디 맛

땅거미가
아이들을 쫓는다

고향 · 15

풀씨를 따서
바구니에 담을 때

소나무 아래
혼자 서 있던 노루

뭉게구름
연기처럼 피어오르고

우리 누나
시리게 푸른 스물세 살

고향 · 16

온양 장날이 되면
어른들로 만원인 버스

승차권 한 장으로
호떡 세 개를 바꾼다

울퉁불퉁한 신작로
돌고 도는 30리 길

고인 물을 튀기며
트럭이 달아난다

고향 · 17

우리들 교복처럼
까만 새벽에

기차를 타려고
사립문을 나선다

새하얀 옷깃
새침한 그 소녀

연분홍 설렘
마찻길을 달린다

고향 · 18

가을이 깊어질 무렵
돌아오시면

시루떡으로
정을 나누시던 당신

질그릇처럼 소박한
웃음소리가

사금파리로
깨어나는 해거름녘

고향 · 19

마당에 새끼줄 걸고
대충 편을 가르면

바람 빠진 배구공이
장독대를 넘는다

라인도 심판도 없고
목소리만 있었던

잃어버린 그 시간이
산마루에 걸린다

고향 · 20

과수원 구덩이에
계분을 넣고

빈 지게 벗어
먼 하늘 바라본다

뭉게구름 두둥실
일어나는데

젊은 소나무
휘파람 불고 있다

도고산道高山

솔향기 번져가는
그윽한 숲길

단풍이 골짜기에
꿈처럼 피고

가지마다 알알이
감은 익는데

등불이 하나 하나
켜지고 있다

도고호道高湖

별빛이 내려와서
꿈꾸는 호수

소녀의 단발머리
물결이 인다

볼우물에 고이는
순결한 연정

고운 노래 남아서
잎을 흔든다

도고온천道高溫泉

바람이 지나가다
쉬어서 가고

구름도 떠돌다가
머물러 간다

유채꽃 설레이는
아늑한 물길

신부의 드레스에
꿈이 흐른다

곡교천曲橋川 · 1

철새가 물 위에서
유영을 하고

갈대는 바람결에
머리를 푼다

흰구름 지나가는
새파란 하늘

멧새가 덤불에서
포르르 난다

곡교천曲橋川 · 2

국화꽃 뭉게뭉게
눈시린 천변

코스모스 바람에
한들거린다

물비늘 일어나는
해맑은 오후

새하얀 새 한 마리
날아오른다

3부

어머님을 그리며

아버님을 그리며 · 1

옹기 가마 가득히
질그릇 들면

당신은 기도하듯
불을 지핀다

열정처럼 터지는
참나무 불꽃

자식 품은 가슴도
뜨거우셨다

아버님을 그리며 · 2

애타는 방울 소리
들리지 않고

잉걸불 꺼져가는
초조한 자정

장작 찾아 뛰시는
숨가쁜 당신

동막골 골짜기에
어둠이 깊다

아버님을 그리며 · 3

가마 문이 열리는
잔치 같은 날

눈빛을 반짝이며
대면을 한다

은은하게 울리는
새벽 종소리

당신의 입가에도
미소 고인다

아버님을 그리며 · 4

파도가 멀미하는
머나먼 뱃길

덕적도 앞바다엔
윤슬이 인다

항아리 지고 넘는
가파른 고개

당신의 가쁜 숨결
땀에 젖는다

아버님을 그리며 · 5

빈 외양간 보시며
말씀이 없는

당신의 가슴 속에
흐르던 강물

등허리 토닥이고
돌아서시며

어미소 울음소리
들으셨을까

아버님을 그리며 · 6

돌연한 교통사고
입원하신 날

귀여운 손자 손녀
기억 지운다

수건을 목에 걸고
창밖 보시며

어디론가 떠나는
희미한 의식

아버님을 그리며 · 7

유언처럼 남기신
수첩 속에는

꿈에도 뵙고 싶은
노모의 사진

생애처럼 얼룩진
돋보기 안경

당신의 흑백 사진
바라봅니다

어머님을 그리며 · 1

엄마의 품 속에서
잠들어 있는

예쁜 나이, 그 모습
내 동생 용택

시름 시름 앓다가
세상 떠난 밤

두견새 울음소리
눈물 지신다

어머님을 그리며 · 2

밤 깊은 공동묘지
스산한 정적

전깃줄 우는 소리
머리끝 선다

돌멩이 움켜쥐고
뛰어가는 길

갈티 고개 마루에
등불 보인다

어머님을 그리며 · 3

바닷바람 매서운
덕적도의 밤

고향집 어린 자식
잠 못 이룬다

무거운 옹기 그릇
불편하신 몸

당신의 뒷모습이
멀어집니다

어머님을 그리며 · 4

섬에서 돌아오신
늦가을 오후

쌀 한 가마 풀어서
시루떡 찐다

초가집 지붕 위에
뜨는 보름달

쟁반에 정을 담아
사립문 민다

어머님을 그리며 · 5

아들 보고 싶어서
오신, 그 먼 길

동상 걸린 발가락
짓물러 있다

초라한 당신 모습
부끄러워서

친구 만남 핑계로
밖에 나간다

어머님을 그리며 · 6

그렇게 아끼시는
토종 씨암탉

아늑한 둥지에서
알을 품는다

대학 친구 불러서
닭을 잡는 날

당신의 눈자위에
눈물 비친다

어머님을 그리며 · 7

눈보라 몰아치는
오, 11월 21일

인부들 빨래하며
쓰러지셨다

고혈압이 앗아간
못 다한 정한

내 얼굴 찾으시다
못 감으셨네

어머님을 그리며 · 8

구슬픈 만가 소리
요령이 울고

소복 입은 자식들
목이 잠긴다

애환 맺힌 옛집을
둘러보시고

이제사 누우시는
하얀, 그 사랑

어머님을 그리며 · 9

당신의 생애처럼
따스한 유골

소나무 가려 내어
뿌려드린다

선조님 모여 사는
포근한 마을

아버님 생각하며
가라, 하신다

어머님을 그리며 · 10

불현듯 뵙고 싶은
당신의 모습

불효를 용서 빌며
고개 숙인다

유언처럼 남기신
막내의 이름

잊지 못한, 그 말씀
저려옵니다

고도孤島 · 1

아득히 먼 수평선
해가 저물고

갈매기 울음소리
외로운 등대

바람이 슬픈 전설
들려주는 섬

유성이 엿들으며
비껴서 간다

고도孤島 · 2

별들이 뛰어드는
감청색 바다

조약돌 사르르르
물장구 친다

사람이 그리워서
까맣게 탄 섬

어린 소라 무릎에
잠들어 있다

아내에게 · 1

내 고향 시골 버스
꿈결 같은 길

뻐꾸기 울음소리
숲을 깨운다

연정처럼 달뜨는
아카시아꽃

청순한 눈빛으로
그녀가 온다

아내에게 · 2

별빛이 쏟아지는
바닷가 마을

바람은 수숫대를
쓰다듬는다

포도가 먹고 싶은
가녀린 신부

해조음이 신화를
몰고서 온다

아내에게 · 3

나무는 가지 가지
꽃등을 달고

소쩍새 울음소리
서글픈 저녁

물 데워 목욕하는
애련한 아내

처가에 맡긴 아기
업혀서 온다

아내에게 · 4

토담집 추녀에서
바람이 울고

연탄 가스 고이는
가난한 부엌

라면 끓여 먹이는
애처로운 정

가장 없는 깊은 밤
불이 꺼진다

아내에게 · 5

퇴근길 유혹하는
여인의 미소

마음은 집에 가고
발길 돌린다

옥상에서 아빠를
부르는 소리

오늘도 기다리다
잠이 들겠지

아내에게 · 6

실옥동 주막거리
들러서 온 밤

비어 있는 봉투는
말이 없구나

음주운전 범칙금
내러 가는 날

아내가 물끄러미
창밖을 본다

아내에게 · 7

모정으로 버텨 온
이순의 세월

머리엔 정한처럼
서리 내린다

잃어버린 시간이
오열하는 밤

아내여, 용서하라
아, 사랑한다

큰누님 · 1

당신의 가슴 속에
봄은 오는데

하얀 교복 부러운
오, 17세 소녀

밤낮 없이 보채는
동생 업으면

뜨락에 떨어지는
봉선화 꽃잎

큰누님 · 2

고향에서 자라는
풋풋한 냉이

이웃과 나누시며
행복하시다

푸짐한 웃음소리
그리운 저녁

당신처럼 따스한
등불 켜진다

큰누님 · 3

이승에 인연 맺은
남가섭 암자

세월처럼 돌아간
길을 오른다

부모님 극락왕생
합장한 당신

부처님도 가만히
미소짓는다

큰누님 · 4

어쩌다 내려 오셔
머무는 며칠

이 생각 저런 상념
주름이 깊다

어느새 칠순 넘긴
애잔한 당신

그 옛날 그리워서
먼 곳 보신다

작은누님 · 1

늦가을 마을 뒷산
잘 여문 풀씨

바구니에 따 담는
단풍이 곱다

산노루 맑은 눈빛
푸르른 하늘

스물두 살 가슴에
연정이 핀다

작은누님 · 2

뒷동산 소나무가
휘파람 불면

떼지어 파닥이는
싱싱한 윤슬

마찻길 워낭소리
졸리운 오후

조약돌 여울에서
빨래하신다

작은누님 · 3

초저녁 사랑방에
모이는 처녀

서리해 온 고구마
가슴 태운다

싱그런 웃음소리
들뜬 보름달

정겨운 초가 지붕
박꽃이 핀다

작은누님 · 4

하늘이 무너지는
매형의 부음

노부부 땅을 치며
통곡하신다

소리 없이 내리는
하얀 나비떼

정한을 남기시고
돌아서신다

누이에게 · 1

봄처럼 꿈이 많은
열세 살 소녀

연분홍 진달래꽃
보다 고와라

동상 걸린 어머님
짓무른 발등

꽃잎 빻아 감싸며
눈시울 붉다

누이에게 · 2

어머님 떠나시고
텅 빈 외딴집

매서운 겨울 바람
문풍지 운다

솔잎이 타고 있는
그을린 부엌

가난한 저녁 연기
기침을 한다

누이에게 · 3

큰 맘 먹고 내려와
잠자는 하루

옛시절 생각하며
얘기꽃 핀다

향수가 배어 있는
나물 쑥개떡

향긋한 밥상에서
추억을 캔다

누이에게 · 4

가족 위해 바쳐 온
이순의 세월

어느덧 귀밑머리
하얗게 센다

옷섶에 파고드는
에이는 바람

기저귀 갈아주며
마냥 웃는다

남의현

미소인 양 번지는
아침 노을

물안개가
구름처럼 흐른다

혼자서 걸어가는
가을 들녘

옛추억이
꽃으로 피고 있다

우제영

향 내음새 감도는
성곡사에서

그리운 님 뵈옵고
하늘을 본다

은행잎은 시리게
타고 있는데

친구여, 지나가며
눈물이 난다

김가영

햇살이 퍼져 가는
고요한 강가

이슬은 보석처럼
반짝거린다

하아얀 새 한 마리
서 있는 언덕

노오란 달맞이꽃
손을 흔든다

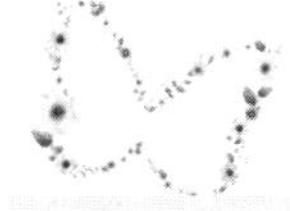

4부

추사고택에서

요양원

서둘러
집을 나서시는

당신의
삭아버린 세월

자식은
부모를 버리지만

부모는
자식을 찾아온다

늘그막

돌아가고 싶어라
돌아가고 싶어라

불면보다 서러운
보고싶은 얼굴들

해가 떠도 그 생각
달이 떠도 그 생각

꿈에서나 만나랴
꿈에서나 만나랴

인생 · 1

파란 물감 번지는
잔잔한 냇물

지게를 진 노인이
돌다릴 간다

마음 졸여 건너는
애환의 여로

냇가에 선 갈대가
고개 숙인다

인생 · 2

빗자루 들고 있는
숙연한 노인

무상한 아픈 세월
쓸어내린다

하얗게 버짐 피는
플라타너스

회한처럼 매달린
눈물이 진다

시상詩想

풋풋하던 열매가
익길 기다려

서둘러 뿌리시는
가녀린 씨앗

누군가, 비원으로
잠 못 이루며

내 시혼詩魂의 잡풀들
매고 계시다

추사秋史 고택에서 · 1

감나무 마당에서
빨갛게 익고

들국화 송이송이
노랗게 핀다

오솔길에 남겨진
님의 발자국

사랑채 툇마루에
숨결이 인다

추사秋史 고택에서 · 2

유배지의 초가집
고즈넉하고

마늘처럼 매서운
바람이 분다

고향 소식 편지에
가슴이 아려

가족을 그리다가
눈을 감는다

추사秋史 고택에서 · 3

향 피워 재배하고
단좌하여서

한지를 쫙 펼치면
파도가 친다

향수처럼 혹독한
적소의 봄날

매화가 뜨락에서
벙글고 있다

추사秋史 고택에서 · 4

생전에 벼루 열 개
닳리시더니

시월 십 일 정하여
세상을 뜬다

대나무 소나무도
붓을 휘갈겨

묘지에서 세한도
그리고 있다

용봉산龍鳳山

바람이 일어나는
호젓한 산길

산새가 서너 마리
포르르 날고

들국화는 청초히
피고 있는데

여승의 불심처럼
감이 익는다

전등사傳燈寺

소나무 키를 세워
설법을 듣고

은행나문 법열에
온 몸을 떤다

종소리가 향처럼
퍼지는 산사

처마 아래 한 여인
고개 숙인다

평화전망대에서 · 1

실개천이 흐르는
정겨운 마을

저녁 연기 소복히
오르고 있다

땅거미가 내리는
아늑한 들녘

아낙이 아이들을
부르고 있다

평화전망대에서 · 2

장미는 철조망에
기대어 울고

나무도 눈시울을
붉히고 있다

망향의 노랫소리
저려오는데

담쟁이 한 잎 한 잎
한으로 진다

평화전망대에서 · 3

흰머리 쓸고 있는
쇠잔한 억새

고향을 그리면서
제를 올린다

한강과 예성강이
상봉하는 섬

풀잎도 머리 땋고
가슴 설렌다

《작품 해설》

잠언적 에스프리와 담결한 서정

— 지봉성 2시집 『고도(孤島)』의 시세계

문학평론가 리 헌 석

(사)문학사랑협의회 이사장

1. 담결한 서정에 대하여

40여 년의 침묵을 깨고 발간한 지봉성의 첫 시집 『먼 약속』을 읽은 뒤 고맙고 반가운 마음으로 평설한 바 있다. 복잡다단한 시인의 내면을 간략하게 정리하는 것은 구우일모(九牛一毛)의 어리석음일 수도 있지만, 갓 스무 살에 만나 이순(耳順)에 이르는 동안 문학 창작에 대한 열모(悅慕) 하나로 일관한 지음(知音)의 내면을 기행(紀行)하는 일이어서 즐거웠다.

잘 아는 사이이면서도 때로는 간과(看過)하는 일면이 있게 마련이다. 지봉성 시인이 그러하다. 작품을 교유한 세월이 반세기가 되어가던 때에 불쑥 나타난 그가 원고 뭉치를 내놓던 모습은 비장하기까지 하였다. 물끄러미 바라보던 그가 눈빛에 힘을 주며 하던 말이 아직도 귓바퀴에 남아 맴도는 듯하다.

"친구, 써 왔던 원고 뭉치를 다 태웠네."

"아, 그래?"

"이제 과거의 지봉성은 잊게."

"아, 그래?"

"그리고 다시 썼네."

"아, 그래?"

"오늘 이 작품으로 나를 보게."

그의 눈에서 뜨겁게 피어오르는 열모(悅慕), 범접할 수 없는 기상을 보면서 아무 말도 하지 않았다. 할 말이 더 있었을 터이지만, 그 역시 입을 다문 채 눈빛만으로 마음을 나누었다. 도공(陶工)이 실패한 작품을 미련 없이 깨버린다는 말을 들었고, 그런 행위를 실제 목격하기도 하였지만, 문인이 자신의 작품을 모두 태워버린다는 것은 정말 놀라운 일이었다.

그를 배웅하고 나서 그의 시를 읽으며 가슴에 흐르는 뜨거운 감동을 혼자 새겨야 했다.

누군가
내 마음의 텃밭에

튼실한
시의 씨앗을 심고 있다

누군가
내 영혼의 뜨락에

영롱한

모국어 한 알 묻고 있다

—「파종」 전문(첫 시집)

시를 짓는 일은 알 수 없는 '누군가'가 자신의 마음에 씨앗을 심었기 때문이라고 한다. 그 씨가 자라서, 지천명을 넘기고 이순 또한 넘길 때까지 자라서 결정체로 남겨진 것이 시(詩)라는 것이다. 사실 이 작품은 두 개의 연(聯)만으로도 의미상 완결된 구조이지만, 그는 형태적 반복에 의하여 주제를 강조한다. 순수하게 예비한 영혼의 뜰에 모국어를 묻은 〈누군가〉가 있어 그는 새로운 시를 빚는 것이다.

이러한 구조는 지봉성에게 있어 특별한 의미를 띤다. 동화를 짓던 그에게 익숙한 것은 서사적 구조였을 것이며, 그 간에 빚었던 시들도 대부분 산문 성격을 띠었을 터이다. 그러던 그가 묵상(黙想)의 시간을 가지면서 자신의 시(詩)에서 불필요한 군살을 감량한다. 두 번째 시집 『고도(孤島)』에 이르러 이와 같은 경향이 더욱 뚜렷해진다. 대부분의 작품이 8행 내외의 단형이며, 구조 역시 간결하게 통일되어 있다.

시에서 군더더기를 떼어내다 보면 주제를 담아내는 것이 어렵게 마련이다. 그래서 그는 많은 이야기를 담으려 하지 않고, 반짝이는 시상이나 시어를 담결(淡潔)하게 담아내는 것에 자족(自足)하는 것 같다. 이와 같은 잠언적(箴言的) 구조를 언제까지 선호(選好)할는지, 혹은 언제까지 작품 형식으로 원용(援用)할는지 분명하지 않지만, 심상의 중핵(中核)만으로 시를 빚으리라는 유추(類推)가 가능하다.

2. 구도(求道)하는 여정(旅情)

지봉성 시인은 여리다고 할 만큼 섬세한 감성을 지녔다. 무심하게 스쳐 지날 수 있는 사물에서 눈물겨운 정서를 찾아내어 노래한다. 그 노래는 음악성과 함께 회화성까지 내포하여 새로운 감동을 생성(生成)한다.

늦가을쯤이었을까, 혹은 초겨울이었을까, 찬바람이 몰아치는 계절에 그는 길을 걷는다. 가다가 길가에 버려진 「화분」을 만난다. 그 화분에는 〈가녀린 팔다리/ 핏기 사라진 얼굴〉이라 표현할 수 있는 꽃줄기가 〈여리디여린 생명〉으로 남아 있다. 〈찬바람은 오열하며/ 옷자락〉을 여미게 하는 상황의 〈여린 생명〉을 보면서 시인은 〈두리번두리번/ 울고 있는 아이〉를 연상해 낸다. 이러한 시상을 8행에 압축하여 노래할 수 있는 것은 그만의 자질이다.

가랑비가 내리는
안개 낀 계곡

활엽수 단풍 위로
침엽수 핀다

나무도 한 장 한 장
버리는 세월

부부도 한 해 한 해
지우며 간다

—「늦가을」 전문

시인은 안개 낀 계곡을 찾는다. 계곡에는 안개가 자욱하고, 산록에는 단풍이 붉게 타고 있다. 활엽수의 대표 수종인 단풍잎이 떨어진 산록(山麓)에는 상록수의 대표 수종인 침엽수가 안개 속에서 푸른 기상으로 피어난다. 이러한 경치를 바라보던 시인은 아찔할 정도의 돈오(頓悟)에 이른다.

돈오(頓悟)는 돈각(頓覺)이라고도 하는데, 어느 계기에 의하여 갑자기 깨닫게 되는 경지를 말한다. 이 단어는 불교에서 유래한 말이다. 소승에서 대승에 이르는 얕고 깊은 차례를 거치지 아니하고, 처음부터 바로 대승의 깊고 묘한 교리를 듣고 단번에 깨닫는 경지를 말한다. 갑자기 깨달은 뒤, 그 깨우침에 의하여 꾸준히 실천하는 것을 돈오점수(頓悟漸修)라고 한다.

지봉성 시인의 작품에서 돈오점수의 경지를 보게 된다. 그는 단풍잎이 하나씩 떨어지는 모습을 보면서 〈나무도 한 장 한 장/ 버리는 세월〉을 인식한다. 이와 같은 깨달음으로 〈부부도 한 해 한 해/ 지우며 간다〉고 삶의 철리(哲理)를 깨닫는다. 이러한 작품 창작은 이순(耳順)을 지나면서부터 패턴화된 듯하다.

가난한 아프리카
먼 시골 마을

메마른 가지처럼
표정이 없다

생명이 꺼져가는
굶주린 아이

음식을 버리면서
목이 메인다

—「눈망울」 전문

지봉성 시인이 아프리카를 다녀왔는지, 혹은 텔레비전이나 다른 매체를 통하여 인지(認知)한 것인지는 모르지만, 가난하고 비참하게 살고 있는 아프리카 원주민에 대한 연민(憐憫)이 작품의 중심 제재이다. 이는 아프리카뿐만 아니라, 아시아의 여러 빈곤국가에서도 만날 수 있는 참상(慘狀)이기도 하다. 찾아가기도 힘든 아프리카의 오지(奧地), 가난한 시골 마을의 어린 아이가 〈메마른 가지처럼〉 누워서 지친 표정을 하고 있는 모습을 보면서 시인은 가슴이 아팠던가 보다. 그래서 식사를 하고 남은 음식을 버리면서 〈생명이 꺼져 가는/ 굶주린 아이〉가 떠올라 〈목이 메인다〉고 고백한다.

8행의 단형에 이와 같은 시상(詩想)을 함축하여 형상화하는 것은 쉬운 일이 아니다. 그렇지만, 지봉성 시인은 시상의 압축과 언어의 조탁(彫琢)에 의하여 멋있게 승화시키고 있다.

3. 회귀하는 구심력(求心力)

지천명(知天命)을 넘기고 이순(耳順)에 이르는 동안 지봉성 시인의 문학적 지향(指向)은 근원적 향수로 향한다. 무심하게 여겼던 고향, 언제나 동고동락(同苦同樂)할 것으로 여기며 살았던 부모와 형제 등에 대하여 각별한 관심을 환기한다.

이러한 창작 태도는 추억에 의존하는 경향이 크다. 어린 시절에 자신만 생각하는 삶의 양식을 1차적 구심력(centripetal force)이라 하고, 젊은 시절에 세상 밖으로 나서려는 속성을 원심력(centrifugal force)이라 한다면, 온갖 풍파를 극복한 후 생명의 본향으로 회귀하는 것은 2차적 구심력이라 하겠다. 지봉성 시인의 두 번째 시집에 수록된 작품에서 고향, 아버지, 어머니, 형제자매 등을 중심으로 노래한 것은 이에 의한 것으로 수구초심(首丘初心)과 닿아 있다.

빈 외양간 보시며
말씀이 없는

당신의 가슴 속에
흐르던 강물

등허리 토닥이고
돌아 서시며

어미소 울음소리
들으셨을까

—「아버님을 그리며 · 5」 전문

이 작품을 정확하게 이해하는 독자들은 그리 많지 않을 것 같다. ①경제개발 이전 시대에, ②농어촌에서 살았어야 하고, ③소를 길렀어야 하며, ④어미소를 떼어 놓은 채 송아지를 팔아 보았어야 하고, ⑤송아지를 찾아 울부짖는 어미소 때문에 밤잠을 설쳐 본 사람이라야 제대로 이해할 수 있다.

필자는 지봉성 시인의 작품에 있는 에피소드의 모든 조건을 여러 번 경험한 바 있기 때문에, 작품을 읽으면서도 새끼를 찾아 울부짖는 어미소의 울음소리가 환청(幻聽)처럼 들린다. 크고 둥근 눈, 가느다란 실핏줄로 충혈된 어미소가 하늘을 향해 내두르는 머리가 어제 일인 듯 선명하다.

작품으로 돌아가면, 기르던 소를 모두 팔았기 때문에 '빈 외양간'이라는 서정적 공간이 마련되고, 정성껏 기르던 소였기 때문에 애석한 마음이 아버지의 가슴에 흐르는 것으로 유추한다. 소를 기르던 오랜 세월이 흐른 현재, 아버지는 자신의 등허리를 두드리며 돌아선다. 그 모습을 목격한 시인은 어린 시절에 듣던 어미소의 울부짖음이 환청으로 오버랩된다. 이와 같은 서정으로 시인은 아버지를 그리워한다.

엄마의 품속에서
잠들어 있는

예쁜 나이, 그 모습
내 동생 용택

시름시름 앓다가
세상 떠난 밤

두견새 울음소리
눈물 지신다

—「어머님을 그리며 · 1」 전문

손으로 땅을 치며 울어도 시원치 않을 슬픔이다. 목을 놓아 소리쳐 울어도 풀리지 않을 아픔이다. 오금이 저리고 가슴이 먹먹하여 말할 수도 없는 절절함이다. 어떤 수식어를 동원해도 완벽하게 표현할 수 없는 고통임에도 불구하고 슬프지 않게 표현했다. 슬프지만 그 슬픔을 직접 토로하지 않는 애이불비(哀而不悲)의 시학(詩學)을 작품화한 전범(典範)이라 하겠다.

필자도 이와 같은 심형(心刑)을 경험한 바가 있다. 초등학교 시절, 어느 봄날의 새벽녘, 윗방에서 자다가 깨어 안방으로 갔더니, 아버지와 당숙이 두런두런 말씀을 나누고 계셨다. 어머니는 입술을 깨물고 어깨만 들썩이셨다. 작은 이불에 싸인 동생을 다시 거적에 둘둘 말더니, 아버지와 당숙이 삽과 괭이를 들고 산으로 가셨다. 나는 어머니의 흔들리는 어깨를 감싸고 울었다. 어머니처럼 소리 없이 울었다.

이런 체험을 한 사람이 이 작품을 읽으면, 아마 어머니의 속울음이 얼마나 참을 수 없는 고통이었을지 조금은 알게 될 것이다. 여러 작품에서 어머니를 그리고 있지만, 이 작품 하나로 시인의 애통하는 내면을 공감할 수 있다. 어머니를 그리워하는 절절한 마음을 읽어내기에 부족함이 없다.

내 고향 시골 버스
꿈결 같은 길

뻐꾸기 울음소리
숲을 깨운다

연정처럼 달뜨는
아카시아꽃

청순한 눈빛으로
그녀가 온다

—「아내에게 · 1」 전문

지봉성 시인은 30여 년을 일심동체로 살았던 아내의 청순했던 눈빛을 그린다. 아카시아꽃처럼 맑고 싱그럽던 아내를 그리며, 미안한 마음이 되기도 하고, 때로는 함께 늙어가는 모습을 안타까워하기도 한다.

「아내에게 2」에서는 별빛이 쏟아지는 바닷가 마을에서 살던 추억을 노래하는데, 아내가 먹고 싶다는 포도를 사다 줄 수 없었음을 안타까워한다. 「아내에게 3」에서는 처가에 맡긴 아기가 외할머니 등에 업혀 오는 모습을 보며, 소쩍새 울음소리처럼 서글픈 저녁이라고 회고한다. 「아내에게 4」에서는 토담집 추녀에서 바람이 우는 겨울, 연탄불에 라면을 끓여 아이들을 먹이는 아내, 그리고 시인과 떨어져 사는 당시를 담담하게 그려내기도 한다. 이런 형상화로 독자의 가슴에 눈물어린 감성을 일깨운다. 작품을 통하여 세상의 여러 남편들에게 아내의 사랑을 되새기게 한다.

당신의 가슴 속에
봄은 오는데

하얀 교복 부러운
오, 17세 소녀

밤낮 없이 보채는
동생 업으면

뜨락에 떨어지는
봉선화 꽃잎

—「큰누님 · 1」 전문

어렸을 때의 지봉성 시인은 어리광을 많이 부렸던 듯하다. 여학생 교복을 입은 누나에게 업어 달라고 보챘던 듯하다. 그때의 미안함을 작품에 담아내고 있다. 그 누나는 부모님이 다니시던 '남가섭 암자'를 찾아 작고하신 부모님의 극락왕생을 축원하는 노년이다. 이제 70이 넘은 연세여서 더욱 애잔한 마음이 된다.

이러한 마음은 작은 누님으로도 열린다. 스물두 살 누나의 맑은 눈빛이 산노루를 연상하게 하고, 워낭소리가 청랑하게 울리던 시냇가에서 빨래를 하던 모습도 아련하다. 고구마 서리를 해서 맛있게 먹던 추억도 되살아나지만, 하늘이 무너지듯 매형의 부음(訃音)에 정한(情恨)을 남긴 누나여서 시인의 가슴은 더욱 저리다.

이어서 누이동생에 대한 추억, 그리고 사랑하는 사람들에 대한 에피소드를 작품으로 빚어낸다. 자신으로부터 먼 곳으로 도망치려 했던 서정의 원심력(遠心力)에서 이제는 회귀(回歸)하여 서정의 근원에 시선을 집중하는 구심력(求心力)으로 작품을 창작한다.

4. 감상의 여로(旅路)에서

세상은 보는 만큼 알게 되고, 아는 만큼 깨닫게 마련이다. 이러한 깨달음을 찾아서 수도승이 길을 나서듯이 지봉성 시인도 창작의 순례(巡禮)에 나선다. 단순하게 여행을 떠났을 수도 있지만, 그 여정에서 보고 깨닫는 바가 있다면 그것은 특별한 '순례'이다. 그 여로에서 많은 깨달음을 얻게 되고, 이를 작품으로 빚어낸다.

소나무 키를 세워
설법을 듣고

은행나무 법열에
온 몸을 떤다

종소리가 향처럼
퍼지는 산사

처마 아래 한 여인
고개 숙인다

—「전등사(傳燈寺)」 전문

시인은 인천광역시 강화군에 있는 전등사를 찾는다. 절 주위의 소나무들이 키를 돋우며 부처님의 설법을 듣고 있는 듯하다. 사실 소나무가 설법을 듣고 있다는 것은 자신의 서정을 소나무에 의탁하여 노래한 것이다. 이와 함께 작품을 아름답고 빛나게 하는 수사(修辭)가 특별하다. 바람에 흔들리는 은행나무였을 터이지만, 법열(法悅)에 온 몸을 떤다고 인식하는 것은 놀라운 발상이다. 종소리가 향기처럼 퍼지는 산사, 그 절의 처마 아래 한 여인이 고개를 숙이고 있다는 것도 그러하다.

이 여인은 범종소리에 다소곳하게 고개를 숙인 모습으로 연상된다. 그런 한 편으로, 전등사 건립 당시에 전해 오는 전설의 나부상(裸婦像)으로 오버랩되어 아픈 서정을 환기하기도 한다.

전등사에는 대웅보전 네 귀퉁이 추녀 아래 각각 다르게 조각된 여인상이 있다. 이를 나부상이라 하는데 그럴 듯한 전설이 전한다. 절의 중건에 참여한 도편수가 절을 짓는 동안 주모에게 노임을 관리하게 하였다. 불사가 끝나기 전에 주모가 달아났다. 화가 난 도편수는 주모의 형상을 나부상으로 만들어 날마다 독경소리를 들으면서 참회하게 하였다는 것이다.

시인이 어떠한 정경(情景)에 포커스를 맞추어 작품을 창작했는지 분명하지는 않지만, 연(聯)마다 절묘(絶妙)한 표현으로 형상화한 것은 틀림없다. 읽을수록 더욱 새로운 감동을 생성하는 작품이어서 읽기 시작하면 다시 읽게 만드는 마력이 있다. 이와 같은 감동을 꽃에서도 찾아내는데, 이것이 지봉성 시인의 예술적 특성이다.

숨 가쁘게 오르는
아찔한 절벽

폭죽처럼 터지는
찬란한 환희

—「능소화(凌霄花)」 전문

생목(生木)이나 사목(死木)의 둥치에 자잘한 뿌리를 내리고 주황색 꽃을 피우는 것이 능소화다. 그 능소화를 이와 같은 단형(單形)에 절창(絶唱)으로 담아낼 수 있음이 놀랍다. 이러한 노래를 빚을 수 있는 것은 천부적인 감각에 의한다. 이와 같은 잠언적(箴言的) 시 양식은 형식과 함께 유의미(有意味)한 변화를 수반한다.

이런 연유로, 문학 작품 창작에 임하는 지봉성 시인의 변신(變身)

은 혜량(惠諒)할 수 없는 가치를 내포한다. 이를 통하여 정형성의 단조로움을 벗어나게 하는 순기능(順機能)으로 작용한다. 그래서 그가 선택한 변화에 주목하는 것이며, 앞으로 그가 새롭게 열어나갈 창작의 지평(地平)이 기대되는 것이다.

고도孤島

지봉성 시집

발 행 일 | 2013년 1월 22일
지 은 이 | 지봉성
발 행 인 | 李憲錫
발 행 처 | 오늘의문학사
출판등록 | 제55호(1993년 6월 23일)

주　　소 | 대전광역시 동구 삼성1동 125-6 한밭오피스텔 401호
전화번호 | (042)624-2980
팩시밀리 | (042)628-2983
홈페이지 | http://www.lito77.co.kr(홈페이지)
전자우편 | hs2980@hanmail.net

공 급 처 | 한국출판협동조합
주문전화 | (070)7119-1741~2
팩시밀리 | (031)944-8234~6

ISBN 978-89-5669-537-2
값 10,000원